Lk 1876

(Par l'archidiacre J. Robert, d'après Thiers.)

RELATION
DE L'ACCIDENT
ARRIVE' A CHARTRES, par le feu qui a pris dans l'un des Clochers de l'Eglise Cathedrale, & qui auroit embrazé les Clochers & toute l'Eglise, sans un secours visible de la misericorde de Dieu, & de la protection de la Sainte Vierge.

capucins de saint jacques

A CHARTRES,
Chez RENE' BOQUET, au Cloistre
Nostre-Dame.

M. DC. LXXV.

AVEC PERMISSION.

RELATION

de l'accident arrivé à Chartres, par le feu, qui a pris dans l'un des Clochers de l'Eglise Cathedrale, & qui auroit embrazé les Clochers de toute l'Eglise, sans un secours visible de la misericorde de Dieu, & de la protection de la sainte Vierge.

E Jeudy 15. Novembre, sur les neuf heures & demie du soir, le feu prit à la Chambre du guet, qui est au haut du Clocher neuf, immediatement sous le lieu le plus élevé, qui est celuy où la Cloche de l'Hor-

A ij

loge est suspenduë. Deux Officiers de l'Eglise couchent toutes les nuits dans cette chambre, & doivent veiller successivement ; l'un depuis huit heures du soir jusqu'à minuit, & l'autre depuis minuit jusqu'à quatre heures du matin. Celuy qui veille doit, pendant qu'il veille, sortir de temps en temps hors de la chambre, & faire le tour d'une galerie qui est auprés, & qui fait le circuit du Clocher, afin d'observer ce qui se passe dans la Ville. Il y a un marteau particulier qui frappe sur le mesme Timbre où frappe celuy de l'Horloge, & c'est en sonnant de suite plusieurs coups de ce marteau, qu'il doit avertir s'il voit quelque accident de feu, de violence, ou autre, & qu'il doit aussi, si tost que l'heure sonne, sonner un coup, pour marquer qu'il ne dort pas. Tout cela se pratique, & la nuit mesme que l'accident est arrivé, les deux Officiers, qui sont commis pour le guet, estoient dans leur chambre, celuy qui devoit veiller depuis minuit jusqu'à quatre heures du matin estoit couché & dormoit. L'autre qui estoit en tour de veiller, & qui devoit veiller jusqu'à minuit, se coucha aussi après le coup de neuf heures, & eut l'imprudence d'attacher sa chandelle allumée contre la quenoüille de son lit : il pretendoit se lever une demie heure ou trois quarts d'heure aprés, pour faire sa tournée, ainsi qu'il est obligé. Mais dans cét intervalle de temps, la chandelle, qui n'estoit attachée qu'avec du suif, se détacha, & coula dans le coin du lit vers le chevet.

Ce lit est une espece d'armoire, posée contre la muraille, qui a environ sept pieds de largeur, trois de profondeur & cinq de hauteur; il y en a deux des deux costez de la chambre pour ces deux Officiers, ces armoires ferment à deux battans; il y a auprés de chacune un petit reduit de deux pieds ou environ, de largeur & de profondeur, où ces Officiers serrent ce qui leur est necessaire; ce reduit est aussi fermé d'ais de sapin.

L'Officier qui est cause du mal-heur, au lieu d'avoir dans son lit, ou un matelas, ou un sommier de crin, ou au moins une paillasse bien piquée, n'y avoit que de la paille qu'il y avoit seulement épanduë, sans aucune toille. La chandelle ayant coulé mit le feu à cette paille: le feu gagna aussi-tost les draps, la couverture & les habits de ce mal-heureux;

en s'éveillant, il vit le lit où il estoit tout en feu, il se jetta à bas, alla éveiller son camarade, qui dormoit dans l'autre lit. Tous deux approcherent pour tâcher d'éteindre le feu, mais inutilement: la fumée estoit si épaisse, & les flâmes si violentes, que n'ayant point d'eau pour jetter sur le feu, ny de crochets pour tirer hors du lit les hardes qui brûloient, ils furent contraints de quitter la chambre & de descendre pour demander du secours.

S'ils eussent sonné dabord pour avertir les porteurs d'eau de la Ville, & si les Officiers qui couchent dans l'Eglise avoient aussi-tost ouvert les portes pour laisser entrer ceux qui pouvoient secourir, le danger eut esté moins grand; parce que la chambre du guet est voutée de pierres, & qu'ainsi le feu n'estant que dans cette chambre, il n'y avoit presque rien à apprehender.

Mais voicy ce qui arriva, & ce qui mit le Clocher & toute l'Eglise en danger d'estre embrazée. L'Officier, autheur du mal-heur, descendit en bas: il éveilla les Officiers qui sont commis pour la garde de l'Eglise, & qui y couchent toutes les nuits au nombre de sept, deux

Ecclefiaftiques, & cinq Laïcs: il eſtoit tout nud & ſi interdit, qu'il ne pouvoit s'exprimer: il leur dit pourtant comme il le put, que le feu venoit de prendre dans ſon lit, mais que ce n'eſtoit rien, & que s'ils vouloient monter avec luy & luy ayder; ils pourroient aiſément l'éteindre, & que ſur tout il ne falloit point ouvrir les portes de l'Egliſe.

Il y avoit raiſon, parce que la veille de cét accident un Regiment eſtoit arrivé à Chartres pour y demeurer en garniſon; & l'on craignoit que les Soldats, qui depuis leur arrivée avoient fait pluſieurs violences, ne ſe rendiſſent Maiſtres de l'Egliſe, & n'en commiſſent encore de plus grandes & de plus fâcheuſes.

Les Officiers qui ſont commis pour la garde de l'Egliſe eurent cette crainte; & ainſi avant que d'ouvrir au peuple qui frappoit à la porte, & qui ayant vû le feu qui eſtoit au Clocher, s'offroit de donner ſecours; ils voulurent monter en haut, & reconnoiſtre ſi ce ſecours eſtoit neceſſaire.

Ils y monterent, & virent que le mal eſtoit plus grand qu'on ne leur avoit dit: ils ne pouvoient approcher de la chambre, tant la fumée qui en fortoit par la porte eftoit épaiffe : les feneftres, qui font tres-étroites, eftoient fermées en dedans, ils n'avoient point d'eau, point de crochets, point de marteaux; & ainfi ne pouvants que faire, ils fonnerent une groffe Cloche pour appeller au fecours, & defcendirent en bas ouvrir les portes de l'Eglife, où le peuple eftoit affemblé en foule de tous les quartiers de la Ville.

Monfieur le Prevoft de la Ville y eftoit depuis plus d'un quart d'heure, & comme il avoit donné fes ordres pour faire apporter de l'eau, & que les Bourgeois & les porteurs d'eau arrivoient de toutes parts, en eftat de donner fecours; la refolution fut prife, en préfence & de l'avis de Meffieurs les Chanoines qui s'y trouverent, de faire enfoncer les portes. Dans ce temps les Officiers qui eftoient montez au Clocher defcendirent & vinrent les ouvrir. Mais cependant le feu eftoit extrémement augmenté; car comme le Clocher eft tres-haut, & qu'il y a pour monter de l'Eglife jufqu'à la chambre du guet 375. marches, ces allées & venuës durerent plus de demie-heure.

Cette chambre du guet eft ronde, de
figure

figure octogone, environ de dix-huit pieds de diametre : elle est voutée de pierre, & a vingt-cinq pieds d'exaucement, du plancher jusqu'à la clef de la voute, il y a dans les huit angles huit pilliers ou arrestes, aussi de pierre, qui montent en arc, & qui soûtenans la voute, se joignent dans le cordon qui est au milieu, & qui en est la clef.

Contre la muraille du costé du Septentrion, est un escalier de pierre bâty au dedans de la chambre ; il sert pour monter de cette chambre à une autre chambre qui est au dessus, où est le timbre de l'Horloge, & qu'on appelle, suivant la denomination du pays, la lanterne de l'Horloge.

Elle est en diminuant, de mesme figure que la chambre du guet, le timbre de l'Horloge est presque au milieu ; il est suspendu. On voit en dehors, prés du cordon, deux marteaux, distants l'un de l'autre environ d'un pied & demy, celuy de l'Horloge qui sonne les heures, & celuy du guet, dont les guetteurs se servent pour le toxain, lorsqu'ils avertissent du feu, ou de quelqu'autre accident. L'anneau d'en-haut est attaché avec plusieurs liens de fer

B

aux pieces de charpente qui portent ce Timbre & qui font en tres-grand nombre. Elles compofent deux roüets, l'un qui porte le Timbre immediatement, & auquel le Timbre eft attaché; l'autre, où aboutiffent & où fe joignent les poteaux, les liens, & les autres pieces qui en forment le beffroy.

On voit encore au deffus de ces deux roüets un plancher d'ais de chefne, & au deffus en montant jufqu'au haut de la pyramide, plufieurs pieces de bois, qui fervent de liaifon à la maffonnerie, & qui font d'efpace en efpace, pour la tenir en eftat.

Le plancher de cette chambre plus élevée, que nous appellons la Lanterne de l'Horloge, eft couvert de plomb. Les murailles jufqu'à l'appuy, font de pierre folide: plus haut font feize petites colomnes & feize fenestres, dont l'architecture eft tres-belle & tres-hardie; puifque ces feize colomne, qui n'ont chacune de groffeur que fept à huit pouces, portent tout le poids de la pyramide qui eft de pierre, & qui s'éleve encore depuis cét endroit jufqu'à la pointe où eft la Croix, de quinze à feize toifes.

Dans sept des angles, sont les sept poteaux qui portent le beffroy du Timbre, & qui sont tout le soutien des deux roüets & des autres pieces de charpente.

Il est necessaire, pour concevoir le peril dont l'Eglise estoit menacée, de se bien representer la consistance de cette chambre du guet, de cét escalier, qui monte de la chambre du guet à la Lanterne de l'Horloge, & de toutes les pieces de bois qui sont dans l'enclave de cette Lanterne, tant pour porter & pour soûtenir le Timbre, que pour tenir en estat les pieces de la Pyramide.

Il faut aussi observer que l'escalier, dont on parle, est tres-étroit, que les marches n'ont de largeur qu'un pied & demy, que sa hauteur est de trente-six marches ; & ce qui est remarquable, qu'au milieu de cét escalier, qui occupe deux des faces de la muraille, on trouve en montant l'un des huit pilliers de pierre dont on a parlé, & qui comme on a dit, s'élevent en arc pour venir se joindre dans la clef de la voute. Ce pillier fait une avance incommode, sous laquelle ceux qui montent sont obligez de se courber : Et la figure du cintre à

B ij

mefure que l'on approche du haut de l'efcalier caufe encore la mefme incommodité; en ce que la muraille de la voute en s'arrondiffant, laiffe moins d'efpace & gefne celuy qui monte. L'appuy de cét efcalier eft de pierre folide, & affez haut; car il a environ trois pieds de hauteur : de forte, que la muraille eftant d'un cofté & l'appuy de l'autre; cét efcalier, eftroit comme il eft, devint dans la fuite de l'embrafement, comme un tuyau de cheminée, par où la flâme montoit avec une impetuofité étrange.

Mais avant de dire comme le feu y monta, il faut encore remarquer, que comme cét efcalier eft au dedans de la chambre, il avoit fallu couvrir l'ouverture qui eft en haut, & qui fert d'entrée fur la Lanterne de l'Horloge; parce que la muraille qui fait le circuit de cette Lanterne eftant à jour, ainfi qu'on l'a remarqué, la chambre du guet fans cette precaution, auroit efté expofée à toutes les injures de l'air.

Il y avoit pour cela fur cette ouverture un cloifonnage d'ais de fapin, pofez fur le plancher de la Lanterne, & autour de cette ouverture, ce cloifonnage formoit en cét endroit une espece de tambour : La porte de l'escalier sur la Lanterne, estoit dans un coin de ce cloisonnage, & tout ce petit quarré estoit couvert d'ais de sapin, attachez d'un bout sur la cloison, & de l'autre contre la muraille au dessus de cette ouverture : de sorte, qu'il y avoit au haut de cét escalier, une porte de bois, quatre colombages, l'un contre lequel elle fermoit, l'autre où estoient attachez les gonds qui la suspendoient, les deux autres, qui en faisoient le sueil & le sursueil, & plusieurs ais de sapin, qui formoient & qui couvroient ce petit quarré où la porte estoit posée.

C'estoit sous la rampe de cét escalier où estoit le lit, par où le feu commença, & c'est ce qui fit le grand danger; parce que le feu ayant embrazé l'armoire où estoit le lit, les flâmes en s'élevant, se couloient le long de l'escalier, & monterent par la suite du temps jusques à la porte d'enhaut, & par consequent à tout ce petit quarré qui estoit au dessus, & à costé de la porte.

La porte & les ais qui estoient, tant à costé que dessus, sont là exposez à un tres-grand air ; & ainsi comme le bois

B iij

en estoit extrémement sec, le feu y prit bien tost, & eut voye pour s'attacher aux pieces de bois, dont est composée toute la charpente qui soûtient le Tymbre de l'Horloge.

Voila le moment du grand peril, quand le feu commença à s'attacher aux pieces de bois qui portent le Timbre de l'Horloge, parce que si ces pieces avoient esté embrazées, le feu se seroit communiqué aux deux roüets qui soûtiennent le Timbre, & de-là aux autres pieces qui font la liaison de la massonnerie, & qui sont au dedans du haut de la Pyramide, & qu'il auroit esté absolument impossible d'y porter de l'eau ; de sorte, que la massonnerie estant recuite, mastiquée & dis-jointe par le feu, la Pyramyde & la Croix du Clocher seroient tombées, peut-estre, sur quelques maisons voisines, & peut-estre aussi sur le comble de l'Eglise. Outre que si les pieces de bois qui soûtiennent cette Cloche avoient manqué, la Cloche qui est pesante de plus de quinze milliers, auroit en tombant, enfoncé la voute de la chambre du guet & le plancher de la méme chambre ; aprés-quoy tout estoit à craindre ; parce qu'au dessous de cette chambre du guet font les quatre Cloches du Clocher neuf, & la charpente qui les foûtient; & que cette charpente, qui est prodigieuse, par le nombre & par la grosseur des pieces qui la composent, estant de bois tres-vieil & tres-sec, il ne falloit qu'un moment pour l'embrazer, & pour communiquer le feu à ce qu'on appelle la Forest; c'est à dire, à la charpente du comble de l'Eglise, qui est tout proche.

Le Peuple ne sçavoit pas ce détail, & voyoit seulement les flâmes qui sortoient du haut du Clocher; & chacun, sur ses conjectures, parloit diversement des suites que cét accident pouvoit avoir: mais generalement, tous convenoient dans les sentimens d'une douleur & d'une consternation qui ne peut estre exprimée.

L'Eglise, en moins d'un quart d'heure, fut pleine de monde. Beaucoup, & la pluspart de Messieurs du Presidial, s'y rendirent: Messieurs les Eschevins s'estoient assemblez dans la Chambre de Ville: Monsieur le Vice-bailly, pour la seureté du Chœur, où est le tresor de toute l'Eglise, amena, & vint offrir ses Archers. Le Peuple fondoit en larmes,

& demandoit des Prieres : Messieurs les Chanoines donnoient les ordres de tous costez; les uns estoient en haut pour le secours du Clocher; les autres, sur les Galeries qui sont autour de l'Eglise; soit pour empécher que ceux qui montoient avec des flambeaux, ne missent le feu à la charpente du comble; soit en cas qu'il tombât du feu du Clocher où étoit l'embrazement, pour, ou le détourner, ou l'éteindre; les autres s'estoient distribuez en divers endroits de l'Eglise, pour la seureté de ce qui y estoit; les autres, enfin, estoient prosternez devant le S. Sacrement, ou devant la Sainte Châsse, pour y faire leurs Prieres.

Ce tumulte n'estoit pas dans la seule Eglise de Nostre-Dame; toutes les Maisons Religieuses, tant d'Hommes que de Filles, estoient dans le mesme effroy. Dans toutes, la Communauté alla au Chœur, verser des larmes avec abondance devant le Saint Sacrement. Toutes les Eglises des Parroisses furent ouvertes, & en toutes se trouva beaucoup de monde; les Paysans des Villages les plus proches, vinrent en foule. Il fallut leur ouvrir les portes de la Ville, & plusieurs d'entr'eux arriverent assez tost

pour

pour porter de l'eau avec les Bourgeois; on paſſa beaucoup de temps dans cette premiere confuſion.

L'Egliſe eſt ſur le haut de la Ville, le Clocher tres-haut, les Eſcaliers pour y monter fort étroits; ainſi grande difficulté de porter de l'eau où on en avoit beſoin : outre, que comme le monde montoit en confuſion, les eſcaliers étoient embarraſſez. Il y eut meſme du trouble au commencement ; quelques Bourgeois & quelques porteurs d'eau, à qui le pied manqua, laiſſerent tomber leurs ſeaux, l'eau renverſée deſcendoit le long de l'Eſcalier, & incommodoit ceux qui montoient, les moüillant juſqu'à my-jambes, mais cela ne dura pas.

Ceux qui étoient au Clocher voyoient le peril, & n'y pouvoient remedier, faute d'eau; ils en demanderent, avec des cris qui augmenterent beaucoup l'épouvante de toute la Ville.

Huit ou dix d'entre Meſſieurs les Chanoines, qui eſtoient dans le Chœur avec les premiers Magiſtrats de la Ville, jugerent à propos, pour témoigner qu'ils mettoient toute leur confiance en Dieu, d'expoſer le Saint Sacrement. Le Peu-

C

ple avoit demandé cette expofition d'une commune voix. Mais comme on ne pouvoit pas la faire avec aſſez de decence, on l'avoit differée pendant quelque temps, juſques à ce qu'enfin les nouvelles qui venoient, eſtans toutes des ſurcroiſts d'affliction & d'accablement, un de Meſſieurs les Chanoines, qui avoit ſon habit d'Egliſe, prit une étolle, & receut ſur l'Autel le Saint Ciboire, qui eſt toûjours ſuſpendu, ſuivant la coûtume de l'Egliſe, & qui fut deſcendu dans ce moment. On a depuis remarqué, que ce fut au meſme moment, que Dieu commença à donner benediction au zele de ceux qui ont travaillé à eſteindre le feu.

Ce qui fut la cauſe du plus grand danger, fut auſſi ce qui facilita le remede ; car le feu eſtant monté le long de l'Eſcalier, juſqu'à la porte de la Lanterne de l'Horloge, & les flâmes ayant trouvé leur iſſuë par cette porte, qui fut en peu de temps embrazée : la fumée commença auſſi à ſe diſſiper par le même endroit ; de ſorte, que l'entrée de la chambre du guet devint plus libre & plut acceſſible.

Quatre ou cinq perſonnes y entrerent ; & ayant arraché, avec des crochets, tout ce qui eſtoit dans l'armoire du lit, & meſme les ais de l'armoire, quelques ſeaux d'eau éteignirent le feu qui eſtoit en cét endroit.

La grande difficulté eſtoit, d'éteindre celuy qui achevoit de brûler la porte de la Lanterne de l'Horloge, & qui ayant embrazé, outre la porte, les ais & toute la charpente qui formoit ce petit quarré, dont on a parlé, s'eſtoit même attaché aux pieces de bois qui portent le Tymbre de l'Horloge.

Un Couvreur, nommé la Chaulme, merite d'eſtre icy nommé avec honneur ; car aſſurément ce fut luy qui fit le coup le plus hardy, & qui reüſſit avec plus de ſuccez. Il crut d'abord qu'il pouvoit monter par dehors ſur quelques crampons, qui ſont ſcellez d'eſpace en eſpace dans la muraille du Clocher, & ſur quelques arboutans qui y ſervent d'ornemens. Sa penſée eſtoit, par ce moyen, d'entrer dans la chambre que nous appellons la Lanterne de l'Horloge, par une ouverture, à l'oppoſite de la piece de bois où le feu eſtoit attaché ; & aſſurément, on ne voyoit pas alors d'autre voye, ny de connoiſtre le mal,

C ij

ny d'y apporter remede. Il prit donc fa refolution, & s'expofa; de maniere, que ceux qui luy virent faire cette action, en eftoient prefque auffi effrayez que du feu mefme: Il avança quelque peu avec de grands efforts, mais fans aucun fuccez; foit, parce qu'à peine pourroit-on monter de cette maniere en plein jour, & que la difficulté eftoit bien plus grande pendant la nuit; foit parce que la fumée qui fortoit par les deux portes de la chambre du guet, & par toutes les ouvertures de la Lanterne de l'Horloge, agitoit & épaififfoit l'air de telle forte, qu'il eftoit abfolument impoffible de monter de cette maniere: ainfi, il fut obligé de defcendre, & rentra avec plufieurs autres dans la chambre du guet, où l'effroy augmenta encore par un nouvel accident.

Quelques pieces de bois, qui étoient autour de la clef de la voute de cette chambre, ayant efté embrazées par le feu qui y montoit, fe détacherent: Leur cheute, qui furprit, fit croire que c'eftoit la Cloche de l'Horloge qui eftoit tombée. On le dit enhaut, & la mefme chofe ayant efté repetée le long de l'Efcalier, l'épouvante fut fi grande & fi universelle, que ceux qui estoient proche la chambre du guet, s'enfuyrent avec un effroy & une precipitation estonnante; tous ceux qui estoient sur les Escaliers descendirent de méme; le bruit s'en répandit dans l'Eglise, & on entendit en un moment plusieurs voix, qui croyoient que la Cloche de l'Horloge & la pointe du Clocher estoient tombez. Le Peuple qui estoit au bas de l'Eglise, se leva en foule, tous s'approchoient vers le Chœur, & beaucoup mesme crioyent qu'il falloit porter dans la Chapelle, dessous terre, le Saint Sacrement & les Reliques.

Messieurs les Chanoines & Messieurs les Magistrats, qui avoient fermé le Chœur & qui étoient dedans, n'écouterent pas ce premier tumulte, & continuerent sans interruption à adorer le S. Sacrement qui estoit exposé; & effectivement le mal n'estoit pas si grand que le Peuple le croyoit; mais celuy dont on estoit menacé estoit extréme.

Une heure de temps s'estoit écoulée, & pendant cette heure, on avoit porté au haut de l'Eglise plus de mille seaux d'eau, tant le concours estoit grand, & tant ceux qui travailloient avoient d'ardeur & de zele, pour contribuer à la conservation de ce Temple, si ancien & si auguste.

C'estoit une vive image de la premiere affection, avec laquelle nos Ancestres l'ont bâty; & c'est une reflexion que plusieurs personnes firent alors, & qui ne peut estre obmise. Ce que l'Histoire rapporte est presque incroyable; que Saint Fulbert, Evêque de Chartres, qui avoit eu de son temps l'affliction de voir un incendie general de toute l'Eglise & de toute la Ville, que le feu du Ciel embraza & reduisit en cendres l'an 1020. la nuit de la Feste de la Nativité de la Sainte Vierge, ait en moins de huit ans (car il mourut l'an 1028. & avoit avant sa mort achevé le rétablissement de son Eglise; comme il paroist par les témoignages des Historiens de son temps) ait, dis-je, en moins de huit ans, rétably l'Eglise en l'estat où nous la voyons, dans un pays où les bois, les pierres, & les autres materiaux necessaires pour les bâtimens, sont si rares, & dans un temps où la France estoit agitée & ruinée par tant de guerres Civiles. Mais en verité, à voir le zele, avec lequel tout le Peuple travailloit dans cette derniere occasion, à en empécher l'embrazement, il ne faut plus s'estonner du premier miracle. On eut donc, en tres-peu de temps, l'eau qui estoit necessaire; mais on ne pouvoit pas la jetter dans le lieu où estoit le feu: Et comme on voyoit déja du plomb fondu qui couloit, & des pierres & des pieces de bois embrazées, qui tomboient; soit dans la chambre du guet; soit hors le Clocher, dans le Cloître: On crut, pendant quelque temps, que c'estoit un accident sans remede. En effet, il n'y en avoit plus qu'un tres-dangereux; qui estoit, de monter par l'Escalier mesme par où le feu montoit, & d'entrer dans la Lanterne de l'Horloge, par la porte mesme qui estoit toute enflâmée.

Les marches de ce petit Escalier, qui n'ont, comme on a remarqué, de largeur qu'un pied & demy, n'ont au plus, qu'un demy pied de parepin: Il y a à chacune une barre de fer, le reste est de plastre: On en doit faire l'observation, pour connoistre la difficulté qu'il y avoit d'y monter dans ce temps-là: puisque le feu ayant pris sous la rampe de l'Escalier, & estant monté ensuite par l'Escalier; il est aisé de comprendre, qu'aprés une heure de temps que le feu avoit duré, ces barres de fer estoient toutes rouges, & les deux costez, de l'appuy & de la muraille, d'une ardeur & d'une chaleur extréme.

Mais il n'y avoit que cette voye; & le mesme la Chaulme, qui s'estoit exposé la premiere fois, voulut faire encore cette seconde tentative. Il enfonça ses cheveux dans son chapeau, prit un marteau à la main; & ayant fait le signe de la Croix, pour se recommander à Dieu, & à la sainte Vierge, il monta par l'Escalier, droit à la porte où estoit le plus grand feu.

On a remarqué, que vers le milieu de cét Escalier, se trouve un pillier de pierre qui fait une avance; cela causoit deux incommoditez. La premiere, parce que le passage estoit plus difficile, & que dans la necessité où l'on estoit de se baisser en passant, on se mettoit en danger de s'étouffer de fumée. La seconde, parce que depuis ce pillier, qui est de pierre, jusqu'à la porte d'enhaut, le feu estoit renfermé, & brûloit encore avec plus d'ardeur : Ainsi la Chaume monta deux differentes fois jusqu'à cét endroit

endroit sans pouvoir passer; mais il prit enfin une derniere resolution : il monta, il se baissa, il parvint jusqu'à la porte d'enhaut; & ayant abbatu avec son marteau ce qui en restoit, il se jetta à corps perdu dans le lieu où estoit le plus grand peril.

Non seulement la porte, mais encore les colombages & les ais qui composoient cette espece de tambour qui étoit en haut, estoient en feu : ainsi le passage estoit plus difficile. Outre que c'etoit, ce semble, une temerité d'entrer dans ce lieu estroit, où estoit le feu, sans sçavoir en quel estat estoit le feu, ny si on pouvoit encore y remedier, ny quel remede on y pouvoit apporter.

Son exemple anima ceux qui estoient dans la chambre du guet; comme on l'entendit qui crioit & qui demandoit secours, on porta par le mesme Escalier, par où il estoit monté, plusieurs seaux d'eau, qui éteignirent le feu de l'entrée de la porte; la sole qui est au bas & qui porte tous les poteaux; l'un des poteaux; sçavoir, celuy qui estoit le plus proche de la porte, & un lien qui tenoit d'un bout à la sole, & de l'autre au pillier, estoient déja enflammez, jus-

D

ques-là que le lien avoit quitté : Mais comme ce sont de grosses pieces, & que le feu n'estant qu'en cét endroit, les autres poteaux & pieces de bois n'estoient point endommagées. Ce premier embrazement n'avoit eu aucun effet, il fut mesme tres-facile d'éteindre le feu qui y estoit, avec cinq ou six seaux d'eau, on arresta la flâme, & on abatit ensuite ce qui estoit en charbon. On craignoit qu'il n'y eust du feu dessous le plomb du plancher de cette Lanterne; on jugea donc à propos de le lever en plusieurs endroits, & pour plus grande seureté, on y jetta plusieurs seaux d'eau.

Les pauvres gens qui monterent & qui travaillerent en cét endroit, devoient ce semble ou estre embrazez, ou estre étouffez par la fumée; mais comme ce lieu, quoy que tres-étroit, est extrémement à jour, ils y trouverent de l'air, & n'en furent pas si incommodez.

Il faut aussi reconnoistre que ce fut à leur égard, & dans tout le reste de l'accident, un effet visible de la misericorde de Dieu, & de la protection de la Sainte Vierge.

Car on ne peut presque s'imaginer, que pendant tout ce tumulte, qui dura plus de deux heures avec une horrible confusion d'allées & de venuës sur les Galleries qui sont autour du Clocher & de l'Eglise, & sur les Escaliers, qui sont, la pluspart, extrémement estroits, avec des seaux d'eau, des cordes, des eschelles, des marteaux & des crochets, que l'on demandoit, & que l'on portoit de toutes parts, personne n'ait esté blessé; quoy que tout cela se soit fait la nuit, & que dans le seul moment de l'épouvante, qui arriva par la cheute des pieces de bois qui tomberent dans la chambre du guet, les Escaliers estans embarassez comme ils estoient, & les Galleries pleines de monde, qui s'empressoit pour fuïr, il semble que plus de cinq cens personnes devoient perir. Neantmoins, graces à Dieu & à la sainte Vierge, ny la Chaulme, ny les autres qui ont travaillé, n'en ont point esté incommodez, & personne n'a esté blessé.

On apporta en bas la nouvelle de ce qui avoit esté fait, & sur l'assurance que le feu estoit entierement éteint; ceux de Messieurs les Chanoines qui avoient toûjours continué à reciter des Pseaumes à genoux devant le Saint Sa-

D ij

crement, terminerent leurs Prieres par un *Te Deum*, en action de graces, les Versets, *Tantum ergo* & *Genitori Genitoque*, en l'honneur du Saint Sacrement, & un *Salve Regina*, en l'honneur de la Sainte Vierge, le Saint Sacrement fut relevé de dessus l'Autel, où on l'avoit descendu ; aprésquoy Messieurs les Chanoines & Messieurs les Magistrats estans sortis du Chœur, on fit retirer tout le monde de l'Eglise.

Les portes furent refermées un peu aprés minuit : ainsi on ne travailla qu'environ deux heures ; car le monde n'entra dans l'Eglise qu'aprés dix heures sonnées, & avant une heure aprés minuit, il n'y avoit plus personne.

Le lendemain au matin Messieurs les Chanoines tinrent Chapitre, ils commirent deux d'entr'eux pour donner avis de cét accident à Monseigneur l'Evesque ; & comme ils avoient reconnu par la voix publique de tout le Peuple, & par tant de circonstances, dont eux-mesmes estoient témoins, qu'ils n'avoient pû eviter l'embrazement, dont l'Eglise & toute la Ville estoient menacées, sans une protection miraculeuse, ils creurent devoir donner des marques publiques de leur gratitude, & le faire de telle sorte, que tout le Clergé & tout le Peuple de la Ville pussent se reunir, pour la reconnoissance d'un bien-fait qui regardoit tout le monde.

On ne douta pas qu'il ne fallût commencer par l'exposition du Saint Sacrement; dans le temps du plus grand peril on l'avoit faite, le Peuple avoit eu recours à Nostre Seigneur, present dans ce mystere adorable, Messieurs les Chanoines avoient, comme il a esté dit, fait descendre le Saint Ciboire sur le principal Autel, & avoient pendant tout le peril esté en Prieres devant le Saint Sacrement. C'estoit donc encore à Nostre Seigneur, present dans ce mesme mystere, qu'il falloit rendre les actions de graces: Ainsi on ordonna une Messe solemnelle, avec exposition du Saint Sacrement, & auparavant la Messe, une Procession autour du Chœur, & le long des aisles de la Nef, avec le mesme Saint Sacrement.

On ne douta pas non plus que ce grand bien fait ne fust dû à la protection de la Sainte Vierge, qui est la Patrone du Diocese, de l'Eglise & de la Ville:

Ainsi aprés avoir satisfait le matin au premier devoir envers Dieu, par l'Exposition, la Procession, & la Messe du Saint Sacrement, on crut qu'il falloit, aprés midy, exposer pendant Vespres, la Châsse où est conservée la precieuse Relique de la Chemise de la Sainte Vierge, & la porter de mesme, aprés Vespres, en Procession dans l'Eglise.

Cette Procession, avec la Châsse où est la Chemise de la Sainte Vierge, est à Chartres, ce qu'est à Paris la Procession de la Châsse de Sainte Genevievfe; c'est à dire, qu'on ne la fait qu'en des occasions extraordinaires, aprés de tres-grands preparatifs, avec d'anciennes ceremonies reglées par des transactions avec le Clergé, & avec la Ville. Les deux dernieres fois avoient esté en 1630. aprés la contagion par action de graces, & en 1636. dans le temps d'une grande sterilité, pour demander de l'eau; & il est remarquable qu'en 1636. la Procession estant allée à un quart de lieuë de Chartres, dans l'Eglise de l'Abbaye de Josaphat, par un grand Soleil, elle fut moüillée en revenant, & on eut ensuite beaucoup de pluye: ce qui fut avec raison attribué à miracle.

Quelques-uns des plus anciens Chanoines avoient affifté à ces deux Proceffions ; ils en dirent l'ordre, & ce qu'ils en dirent fut une conviction, que dans l'occafion prefente on ne pouvoit faire cette Proceffion dans toutes les formes ; parce que la faifon eft avancée, & les chemins hors la Ville, par où on doit paffer, en tel eftat, qu'il n'eft pas poffible de les difpofer, comme ils doivent eftre ; cela fit difficulté : mais comme d'ailleurs on ne pouvoit pas fe difpenfer de faire quelque chofe d'éclatant, & qui témoignât la reconnoiffance à la Sainte Vierge, on trouva un milieu, qui fut de ne point fortir de l'Eglife, & de porter la Sainte Châffe feulement autour du Chœur, & le long des aifles de la Nef.

Meffieurs les Grands Vicaires de Monfeigneur l'Evéque convoquerent tout le Clergé de la Ville ; on donna les ordres pour faire prier, fuivant la coûtume ; Meffieurs du Prefidial, Meffieurs les Maire & Efchevins, Meffieurs de l'Election, & pour tout difpofer avec plus de loifir, on remit la ceremonie, qui fut arreftée le Vendredy matin 16. Novembre, au Dimanche suivant 18. du mesme mois.

 Messieurs du Chapitre, afin de rendre cette ceremonie aussi sainte qu'elle devoit estre auguste, resolurent entr'eux un jeûne le Samedy dix-septiéme, & ordonnerent aussi, que le Dimanche tous Messieurs les Chanoines diroient la Messe en action de graces, & que ceux qui ne sont pas Prestres communiroient à la grande Messe: Ce qui fut executé avec beaucoup de devotion & tout l'exemple possible.

 Le Dimanche, neuf heures du matin, Messieurs du Presidial, de la Ville, & de l'Election, placez dans le Chœur, suivant la coûtume, on commença la ceremonie par l'Exposition du Saint Sacrement, la Procession fut faite ensuite, & aprés la Procession, la Messe fut chantée; il y eut communion generale, non seulement de Messieurs les Chanoines non Prestres, mais mesme de toute la Musique, & de tous les Officiers du bas Chœur, qui donnerent en cette rencontre, avec une sainte emulation, des marques de leur pieté. Monsieur le Doyen Officia dans toute la ceremonie, & continua encore aprés midy.

 A une heure aprés midy, Monsieur Sarrazin,

Sarrazin Theologal, prêcha avec sa force ordinaire sur ce sujet. Il montra que les accidens d'incendie des Eglises, sont les peines, dont Dieu punit les prophanations qui s'y commettent, & ayant fait voir le nombre & l'enormité de ces sortes de profanations, il expliqua les moyens dont on se devoit servir pour les reparer. Il dit que tout l'appareil de la ceremonie qui se faisoit, estoit à ce dessein ; mais qu'il falloit aussi joindre des dispositions interieures, & principalement un grand respect pour ce Temple si auguste, qu'il avoit plû à Dieu de preserver de l'embrazement, & un zele genereux pour empécher par toutes sortes de voyes, qu'il ne soit plus profané.

A trois heures, Messieurs du Presidial, de la Ville & de l'Election, ayans repris leurs mesmes places ; deux de Messieurs les Chanoines apporterent hors du Tresor la Sainte Châsse, & elle fut mise sur le milieu de l'Autel, au dessous du S. Sacrement, qui est toûjours suspendu. On dit Vespres, & aprés Complies la Sainte Châsse fut portée en Procession, successivement par quatre Dignitez & quatre anciens Chanoines;

deux Dignitez commencerent, les deux autres enfuite; aprés, les deux plus anciens Chanoines, & enfuite les deux autres Chanoines; chacun voulant avoir part à l'honneur de porter une fi Sainte Relique.

La fainte Châfle eftoit attachée fur fon brancart d'argent doré; ce brancart dans l'efpace que la fainte Châfle contient en largeur, eftoit convert d'un tapis de moire d'argent, entouré & enrichy de paffemens d'or: ce tapis pendoit des deux coftez prefque jufqu'à terre, & eftoit fur le brancart fous la Sainte Châfle; les extremitez des deux bâtons eftoient fur les deux épaules de Meffieurs les Dignitez ou Chanoines, qui portoient la fainte Châfle: quatre Ecclefiaftiques tenoient les quatre coins du tapis qui eftoit eftendu deffous; quatre autres portoient chacun un flambeau, & eftoient diftribuez des deux coftez: la lumiere de ces quatre flambeaux éclairoit la fainte Châfle, & par reflexion, la fainte Chafle brilloit avec un merveilleux éclat, qui fortoit de ce nombre prefque infiny, de diamans, d'emeraudes, de rubis, de perles, d'agathes, & d'autres riches joyaux dont elle est ornée, & qui y sont autant d'illustres marques de la pieté des Rois, des Reines, des Princes & des grands Seigneurs qui les ont donnez.

Les Communautez Religieuses commençoient la Procession ; Messieurs les Curez & les Ecclesiastiques des Parroisses de la Ville suivoient, & estoient tous revestus de Chappes ; les Chappelains, la Musique, Messieurs les Chanoines, & toutes les Dignitez de l'Eglise Cathedrale estoient de mesme, revestus de Chappes, & marchoient aprés sur les mesmes lignes. Il n'y avoit au milieu que les Croix qui estoient au commencement de la Procession ; & la sainte Châsse, dont la place estoit sur la fin de la Procession, au milieu des Dignitez de l'Eglise. Venoient ensuite Messieurs du Presidial d'un costé, Messieurs de la Ville de l'autre, & avec Messieurs de l'Election ; & tout ce qu'il y a à Chartres de Personnes de remarque.

Pour l'affluence du Peuple, elle fut si grande pendant cette Procession, que l'Eglise, vaste comme elle est, ne pouvoit pas contenir le monde qui s'y trouva. Pendant la Procession, on chanta les Litanies de la Sainte Vierge, & la

E ij

Procession finie, lors que la sainte Chasse rentra dans le Chœur, la Musique chanta un Motet, & les Prieres pour le Roy; aprésquoy la sainte Chasse fut remise dans le Tresor.

On ne rapporte pas le détail de la ceremonie, en ce qui regarda la richesse des ornemens, le grand nombre des cierges, & les autres circonstances qui n'ont rien de singulier. Il suffit de dire en general, que Messieurs du Chapitre n'oublierent rien de ce qui pouvoit en augmenter la solemnité: que Messieurs les Magistrats y assisterent tous avec une devotion & une pieté exemplaire: enfin, que de memoire d'homme, on n'a point vû icy, ny ailleurs, de ceremonie plus sainte, plus auguste, & plus edifiante.

Mais aprés ces actions de graces, qui furent renduës si solemnellement, & à Dieu & à la sainte Vierge, Messieurs du Chapitre se sont encore acquittez de celles dont ils estoient redevables aux principales Personnes, dont Dieu s'est servy pour détourner l'embrazement, dont l'Eglise & toute la Ville avoient esté menacées.

Monsieur d'Etalville, President à

Mortier au Parlement de Roüen, estoit à Chartres quand cét accident est arrivé; & c'est luy, de la confession de tout le monde, à qui on a de plus grandes obligations.

Messieurs du Chapitre, qui en ont esté témoins, deputerent un de Messieurs les Archidiacres & un de Messieurs les Chanoines, pour luy aller faire les remercimens de la Compagnie, & pour l'asseurer, que s'ils trouvent jamais quelque occasion de luy témoigner leur reconnoissance, ils ne pouvoient pas avoir de plus grande joye.

On deputa aussi à tous Messieurs les premiers Magistrats de la Ville, & principalement à Monsieur le Prevost, qui donna ses ordres dans toute la suite de cét accident; mais avec un zele, une application, & une affection, qui faisoit bien voir qu'il agissoit, plus encore par Religion & par Pieté, que par l'obligation de sa Charge.

On devoit encore des remercimens à tout le Peuple qui avoit agy pendant le peril avec tant de zele. Monsieur le Theologal en fut chargé, & s'en acquita sur la fin de son sermon avec beaucoup d'edification.

E iij

On devoit enfin au nommé la Chaulme, qui s'expofa le premier, & à ceux qui le fuivirent, quelque reconnoiffance plus particuliere. Auffi Meffieurs du Chapitre, l'ont ils gratifié d'une penfion viagere, & ont accordé la mefme grace aux deux autres qui le fuivirent les premiers, lors qu'il monta dans le lieu du grand peril.

Meffieurs du Chapitre avoient offert une fomme confiderable à la Communauté des Porteurs d'eau, pour reconnoiftre la peine de ces pauvres gens, qui ont fait des actions furprenantes; mais ils l'ont refufée, & eurent la generofité de répondre, que quoy que beaucoup d'entr' eux ayent expofé leur vie; c'eft la moindre chofe qu'ils pouvoient faire, pour témoigner leur devotion à la Sainte Vierge, & que c'eft d'elle & de Dieu qu'ils en attendent la recompenfe. L'argent qu'ils ont refufé, a depuis efté, par l'ordre de Meffieurs du Chapitre, employé à un prefent pour la decoration de la Chapelle où ces pauvres gens font leur Confrerie.

On a fait auffi diftribuer quelques fommes aux pauvres Artifans qui font venus apporter de l'eau, & qui ont fouffert quelque dommage par la perte de leurs marteaux, de leurs feaux, ou autrement. Mais tout de mefme, beaucoup des plus pauvres n'ont point voulu en recevoir, & ont dit en le refufant, qu'ils s'eftimoient trop heureux, d'avoir pû contribuer de quelque chofe à la confervation d'une Eglife, qui eft leur refuge dans tous leurs befoins, leur azile, & leur plus grande confolation, dans leurs afflictions & dans leur mifere.

Comme la devotion de Noftre-Dame de Chartres eft la devotion de toute la France, & mefme de tout le monde Chreftien; on a crû devoir donner au Public le recit de cét evenement, & on prie ceux qui le liront, de joindre leurs actions de graces, pour remercier Dieu de tant de biens-faits, dont nous luy fommes infiniment redevables; & auffi de renouveller leur devotion & leur confiance à la Sainte Vierge, qui protege fi puiffamment, & dans toutes les occafions, ceux qui ont recours à elle.

FIN.

PERMISSION.

IL est permis à JEAN CHARDON, Maistre Imprimeur & Marchand Libraire à Paris, d'imprimer un Ecrit intitulé, *Relation de l'accident arrivé à Chartres par le feu, qui a pris à l'un des Clochers*, &c.

DE LA REYNIE.

www.ingramcontent.com/pod-product-compliance
Lightning Source LLC
Chambersburg PA
CBHW061005050426
42453CB00009B/1277